LE THÉÂTRE
A L'ÉCOLE ET DANS LA FAMILLE

II

JEAN-LE-BOSSU

DEUX ACTES

PAR

C. DANIEL

Illustrations par A. Deye

PARIS
LIBRAIRIE D'ÉDUCATION LAÏQUE
1 *bis*, RUE HAUTEFEUILLE

LE THÉATRE

A L'ÉCOLE ET DANS LA FAMILLE

VERSAILLES

IMPRIMERIE CERF ET FILS,

59, RUE DUPLESSIS

LE THÉATRE

A L'ÉCOLE ET DANS LA FAMILLE

II

JEAN-LE-BOSSU

DEUX ACTES

PAR

Cl. DANIEL

Gravures par A. Denis.

PARIS

LA LIBRAIRIE D'ÉDUCATION LAÏQUE

1 *bis*, RUE HAUTEFEUILLE

1881

JEAN-LE-BOSSU

PIÈCE EN DEUX ACTES

PERSONNAGES :

M. MALLET, chef d'institution.
M. GUYON, père de Paul.
Mme GUYON, sa mère.
Mme FOLLET, mère de Fernand.
JEAN bossu,
PAUL,
GUSTAVE,
FERNAND, } élèves de M. Mallet.
JULES,
ÉMILE,
LÉON,

Plusieurs autres jeunes gens de la même institution.

Pour une école ou une société de jeunes gens, on peut remplacer le rôle de Mme Guyon par celui d'un grand-père de Paul et celui de Mme Follet par celui du père de Fernand.

Tu vas me payer ça, Paul, ...

Acte I, scène, page 6.

JEAN-LE-BOSSU

PIÈCE EN DEUX ACTES

ACTE PREMIER

Le théâtre représente une cour ou une salle de récréation.

SCÈNE PREMIÈRE

JEAN, PAUL, GUSTAVE, LÉON, ÉMILE, FERNAND, JULES, UNE DOUZAINE D'AUTRES JEUNES GARÇONS.

(Ils se promènent en causant, faisant du bruit).

GUSTAVE se faisant un porte-voix de ses deux mains.

Eh ! les amis ! jouons-nous ?

PAUL.

Oui ; à quoi ?

JEAN, LÉON, ÉMILE, FERNAND, JULES ET
PLUSIEURS autres accourant :

A quoi ? à quoi ?

GUSTAVE.

Aux billes, parbleu !

PAUL.

Oui, oui (secouant sa poche). Tiens, j'en ai plein
ma poche.

LÉON.

Moi aussi.

ÉMILE, tirant une poignée de billes de sa poche.

Moi, j'en ai onze, c'est bien assez.

FERNAND.

Et moi six, mais je suis bien sûr d'en avoir
vingt d'ici un quart d'heure.

JULES.

C'est ce que qu'on va voir, monsieur le faiseur d'embarras, monsieur le vantard.

FERNAND.

Vantard ? répète-donc ça un peu.

JULES.

Oui, vantard, vantard, là, es-tu content ?

FERNAND.

Ça m'est bien égal, au surplus et j'aime mieux gagner tes billes et celles des autres, que de me battre ; veux-tu parier qu'avant dix minutes toutes celles qui sont maintenant dans ta poche seront dans la mienne.

JULES, riant.

Ha ! ha ! ha ! ha ! Ah ! pour ça, oui, je veux bien parier (retournant ses deux poches à l'envers tiens ! avant dix minutes, tu auras gagné tout ça.

(Plusieurs garçons rient.)

PAUL.

Tu n'as pas de billes; Jules, en veux-tu?

JULES.

Je veux bien, je te les rendrai.

PAUL, tirant des billes de sa poche et les donnant à
Jules.

Tiens!

JULES comptant les billes:

Une, deux, trois, quatre, cinq, six, sept; (à
Paul) c'est sept billes que je te dois.

JEAN, s'approchant de Paul:

Je n'en ai pas non plus, Paul, veux-tu m'en
prêter.

GUSTAVE.

Pourquoi faire?

JEAN.

Pour jouer avec vous.

GUSTAVE.

Tu n'en as pas besoin, tu ne joues pas.

JEAN *avec chagrin.*

Tu ne veux pas que je joue, Gustave?

GUSTAVE.

Non.

JEAN.

Pourquoi donc?

GUSTAVE.

Parce que nous ne voulons pas jouer avec
un bossu et un mal tourné comme toi.

ÉMILE.

Et puis, il est pauvre; sa mère fait des ménages.

FERNAND.

Et il est ici par charité.

PAUL, avec résolution:

Eh bien ! vous êtes tous des mauvais cœurs;
Jean jouera, c'est moi qui vous le dis ; tiens,
Jean, voilà des billes.

GUSTAVE, ÉMILE, FERNAND.

Il ne jouera pas.

PAUL.

Il jouera.

JULES.

Oui, je veux qu'il joue aussi.

GUSTAVE.

Non, il ne jouera pas !

PAUL.

Si.

GUSTAVE.

Non.

PAUL.

Si, si, je te dis qu'il jouera.

Tous les autres garçons, sur un mode connu.

Il jouera ; il ne jouera pas. Il jouera ; il ne jouera pas. Il jouera ; il ne jouera pas. Il jouera ; il ne jouera pas.

PAUL.

Alors parce que Jean est pauvre et qu'il est bossu, il ne faut pas qu'il joue?

GUSTAVE.

Joue avec lui si tu veux, mais nous, nous n'en voulons pas, n'est-ce pas?

PLUSIEURS.

Non, non.

FERNAND.

Maman serait contente si elle savait que j'ai pour camarade le fils d'une femme de ménage.

PAUL, en colère.

Imbécile, va! j'aimerais mieux avoir pour camarade le fils d'un chiffonnier qu'un sot comme toi.

JULES.

Oh! et moi aussi: Jean est savant d'ailleurs, et toi, tu n'es qu'un ignorant, toujours le dernier de la classe.

FERNAND.

Moi je suis riche, je n'ai pas besoin d'être savant ; Jean, à la bonne heure et toi aussi, car il faudra que, plus tard, vous gagniez votre vie ; mais moi, la mienne est toute gagnée.

JULES.

Heureusement pour toi, car sans cela, tu courrais grand risque de mourir de faim.

PAUL, avec ironie :

C'est égal, nous savons toujours que monsieur est riche (il salue Fernand) ; salut à monsieur parce qu'il est riche, honneur à monsieur parce qu'il est riche.

FERNAND.

Mais, toi aussi, tu es riche.

PAUL.

Je ne sais pas si je suis riche, mon père et ma mère ne me l'ont jamais dit ; mais ce que je sais, c'est que j'aimerais mieux être le plus

pauvre de la terre que d'être aussi bête, aussi
vantard et aussi paresseux que toi.

GUSTAVE.

Mais dis donc, Paul, toi qui te moques des
autres, es-tu le premier les jours de composition d'arithmétique?

JULES.

Toi, ça ne te regarde pas?

GUSTAVE.

Et toi non plus.

PAUL.

Laisse, Jules, laisse monsieur Gustave
qui, lui, n'est jamais le premier à rien.
mais qui est très souvent le dernier; monsieur Gustave a des qualités encore bien
plus grandes que celles de Fernand : il est
lâche et méchant.

GUSTAVE, en colère.

Lâche! tu m'appelles lâche !

2.

PAUL.

Oui lâche, parce que tu persécutes et tu affliges le pauvre Jean qui est infirme et malheureux quand tu lui devrais, au contraire, aide et compassion ; oui lâche, lâche et méchant.

GUSTAVE montrant le poing à Paul.

Tu vas me payer ça, Paul, attends.

PAUL, se mettant en garde avec ses poings.

Je ne demande pas mieux et je ne te crains pas.

TOUS LES GARÇONS.

Ils se battront ; ils se battront pas. Ils se battront ; ils se battront pas. Ils se battront ; ils se battront pas.

GUSTAVE.

Ah ! nous ne nous battrons pas ! (Il fond sur Paul et lui donne un coup de poing ; Paul le lui rend ; Jules et quelques autres se mettent du côté de Paul, Fernand et d'autres avec Gustave ; les autres restent spectateurs.)

JEAN, tirant Paul et Jules par leurs vestes.

Non, mes amis, non, je vous en prie, ne vous battez pas pour moi; je n'en veux pas à Gustave, ni à Fernand; qu'est-ce que ça me fait de ne pas jouer?

SCÈNE II

LES MÊMES, LE MAITRE D'ÉCOLE.

LE MAITRE (air grave, un lorgnon sur le nez).

Qu'est cela, messieurs? Comment! vous vous permettez un pareil scandale; vous vous battez et pourquoi?

LA MOITIÉ DES GARÇONS TOUS ENSEMBLE.

M'sieu, c'est Paul qui...

L'AUTRE MOITIÉ TOUS ENSEMBLE.

Non, M'sieu, c'est Gustave...

LE MAITRE.

Taisez-vous, messieurs et rentrez, — cent

cinquante vers de Corneille apaiseront votre humeur batailleuse. Paul et Jean restez, j'ai à vous parler, Jules peut rester aussi.

JULES.

Moi, j'aime mieux rentrer puisqu'on ne joue plus. (Tous sortent avec le maître.)

SCÈNE III

JEAN, PAUL.

JEAN, avec des larmes dans la voix.

Oh! Paul, je suis bien malheureux, va; je regrette, je t'assure, les bontés de M. Mallet pour moi; s'il ne m'avait pas pris dans son institution, j'aurais été élevé parmi des pauvres comme moi qui ne m'auraient pas reproché ma misère !

PAUL, avec bonté.

Ne te chagrine pas, Jean, et surtout pour si peu : crois-tu que ce paresseux de Fer-

nand, qui n'a pas pour deux sous de courage,
mérite qu'on s'occupe de ses paroles ? Et Gustave qui est méchant pour tout le monde, il
serait bien étonnant qu'il ne le fût pas pour toi.

JEAN.

Je ne leur en veux pas, Paul, mais cela
me fait beaucoup de peine et puis ça recom-
mence chaque jour et, sans toi, je serais
seul, tout seul, à me défendre contre eux
tous.

PAUL.

Tu ne vois donc pas qu'ils sont jaloux parce
que tu es toujours premier, que tu as rem-
porté tous les prix l'année dernière, que cette
année, ce sera la même chose, que nos maîtres et leurs parents te citent toujours comme
modèle. Ne se sentant pas le courage ni
l'intelligence nécessaires pour travailler aussi
bien que toi, ils se vengent comme ils peu-
vent, c'est-à-dire en lâches.

JEAN.

Ce serait bien mal de ma part si je n'apportais pas toute mon application à profiter des leçons qui me sont données ici « par charité », comme dit Fernand ; et d'ailleurs ma mère n'a que moi ; elle fait des ménages, il est vrai, mais, quoique ce soit un travail honorable, puisqu'il est honnête, je ne veux pas qu'elle en fasse toute sa vie et (sa physionomie s'anime) ce sera un beau jour pour moi quand je pourrai lui dire : Mère, à ton tour de te reposer maintenant, au mien de travailler pour toi ; tu as soigné mon enfance, à moi de secourir ta vieillesse. Et voilà, Paul, ce qui me rend heureux quelquefois, voilà ce qui me donne la force de vaincre les dégoûts dont on m'abreuve ici, c'est cette image de ma mère me devant l'aisance et la paix de ses vieux jours.

PAUL.

Eh bien, Jean, moi j'ai du chagrin aussi.

JEAN, avec amitié.

Toi ! du chagrin, Paul ! et qui peut t'en faire ?

PAUL.

Mes parents.

JEAN.

Tes parents !... ils ne t'aiment donc pas!

PAUL.

Ah ! si, ils m'aiment, et beaucoup ; mais ils croient que j'apporte à certaines de mes études de la mauvaise volonté et de l'entête- ment et pourtant, je te le jure, Jean, ce n'est pas ma faute.

JEAN.

Quoi donc ? Paul, je ne comprends pas.

PAUL.

Tu sais que mon père, qui est ingénieur et qui est sorti un des premiers de l'Ecole centrale, me destine à la même carrière que lui.

JEAN.

Oui, tu me l'as dit.

PAUL.

Tu sais que, pour parvenir à cette école, il faut surtout être fort en mathématiques.

JEAN.

Oui.

PAUL.

Eh bien, tu sais aussi que les mathématiques et moi nous avons si peu de sympathie que je ne peux même pas venir à bout du plus simple problème d'arithmétique. Gustave, tout à l'heure, m'a demandé méchamment si j'étais premier les jours de composition, mais je ne suis ni premier, ni dernier, puisque je ne compose pas ces jours-là.

JEAN.

Pourquoi donc n'essaierais-tu pas, toi qui réussis si bien en toute autre chose.

PAUL.

Ne me parle pas de cela, Jean, c'est une science qui m'inspire une profonde horreur; se creuser la tête pour trouver les $\frac{5}{13}$ des $\frac{7}{12}$ des

$\frac{2}{3}$ de $\frac{11}{13}$ ou essayer de comprendre ce que, ne
pouvant mieux faire, j'ai appris par cœur ce
matin, savoir « que le carré de la somme de
deux nombres est égal à la somme des carrés
de ces nombres augmentée de deux fois le
produit de ces mêmes nombres »; non, non,
rien que d'y penser, il me vient des nausées,
vois-tu, Jean, et toutes les punitions du
monde ne pourraient me faire surmonter ma
répugnance.

JEAN, riant.

Alors, ces jours-là, pour faire passer tes
nausées, tu exécutes, dans tous les sens, sur
ton cahier, mille jolis dessins, caricatures,
charges et autres où personne n'est épargné,
même monsieur Colin avec son grand nez et
ses lunettes.

PAUL, riant aussi.

Et tu sais que, l'autre jour, il m'a forcé de
lui remettre la susdite feuille.

JEAN, riant.

Oui, je sais bien.

3

PAUL.

Eh bien, mon cher, il est bon zig, tout de même; il n'a rien dit.

JEAN, riant.

Si, au contraire, il t'a fait des compliments, il s'est reconnu et a reconnu aussi Léon, Emile et deux autres et il t'a dit : C'est très bien, monsieur Guyon, et votre père ferait vraiment bien mieux de vous envoyer à l'école de peinture qu'à l'Ecole centrale.

PAUL, reprenant son air sérieux.

Tu ris, Jean, et pourtant il n'y a pas de quoi, je t'assure.

JEAN.

Pourquoi donc ?

PAUL.

Tu ne sais pas, toi, que mon père, qui ne promet jamais rien sans le tenir, m'a certifié que si, cette année, je n'avais pas un prix d'arithmétique, il ne me ferait pas venir pour les vacances et que je les passerais ici.

JEAN.

Vraiment ! il t'a dit cela ?

PAUL, avec chagrin.

Oui, et il le fera, je te l'affirme.

JEAN.

Si tu essayais, Paul ? je t'aiderais, moi, à
faire tes devoirs.

PAUL.

Oui, mais pour les compositions, tu ne
pourras pas m'aider et puis, quand même,
est-ce que je pourrai jamais gagner un prix ?
tu sais bien toi-même que c'est impossible ;
aussi, je n'entreprends même pas de lutter ;
mais j'ai le cœur gros et les larmes me gagnent
à cette idée que je ne passerai pas mes vacances près de ma mère qui est si bonne et
qui me gâte tant et que j'aime comme tu
aimes la tienne.

JEAN, avec commisération.

Pauvre Paul, va ! comment donc faire ?

SCÈNE IV

LES MÊMES, LE MAITRE.

LE MAITRE, venant au-devant des deux jeunes gens
et leur tendant la main.

Allons, courage ! mes amis ! j'ai vu ce qui
s'est passé tout à l'heure ; j'ai entendu ce qui
s'est dit ; bravo, Paul, tu mets ton éloquence
et tes coups de poings au service de l'opprimé,
c'est très bien et digne d'un esprit juste et
d'un bon cœur ; mais ton éloquence est un peu
trop ornementée de certaines épithètes qui ont
mal sonné à mes oreilles : tu as appelé Fernand imbécile, bête et sot, tu as traité Gustave
de lâche...

PAUL, interrompant.

Ils le sont, monsieur.

LE MAITRE.

Je ne te dis pas non, mon ami, mais tu sais

que la vérité n'est pas toujours bonne à dire,
que nous devons être indulgents pour les dé-
fauts de nos semblables, ayant nous-mêmes
les nôtres, et qu'enfin avec ce système de jeter
à la face de chacun les injures qu'il mérite ou
semble mériter, on s'attire mille méchantes
affaires...

PAUL, interrompant et vivement.

Oh! ça m'est bien égal, monsieur ; j'appren-
drai les armes afin de pouvoir rendre raison
à tous ceux qui ne seront pas contents quand
je leur dirai la vérité, et je la dirai toujours à
ceux qui voudront être pour les autres des
oppresseurs, des despotes et des tyrans.

LE MAITRE, à part.

Quelle belle nature que cet enfant! (Haut.)
C'est très bien, monsieur, mais moi, je ne
veux pas qu'il sorte de mon institution des
garçons mal élevés qui se permettent d'inju-
rier les autres quand ils ne pensent pas
comme eux, qui oublient que la politesse,
première marque d'une bonne éducation, doit

présider à toutes les relations des hommes quelque peu amicales qu'elles soient, et que, sans cette déférence et ces égards que nous nous devons les uns aux autres, la société deviendrait semblable à un troupeau de brutes qui ne connaissent d'autres moyens de revendiquer leurs droits que les cris et les coups de dents. Quant à toi, Jean, ne te décourage pas, mon ami, prends patience ; le temps marche et, du train dont tu y vas, tes études seront bientôt terminées ; ta position est quelquefois pénible ici, j'en conviens, mais ne te laisse pas abattre par quelques mauvais propos lancés le plus souvent sans réflexion; ton but est noble et louable, ne le perds pas de vue et rappelle-toi que, pour l'atteindre, tu n'as d'autre moyen que la persévérance et l'étude; ne sois donc pas ingrat et ne regrette pas le bien qu'on te fait; ta santé faible et débile et ta mauvaise conformation ne te rendent pas propre, tu le sais, au rude labeur de l'ouvrier ; c'est un travail d'intelligence qu'il te faut, c'est avec celui-là seul que tu peux embellir la vieillesse de ta mère : courage et patience donc ! Maintenant, montez à l'étude, mes en

fants, la punition est commune, vous devez la
subir comme les autres. (Les enfants sortent.)

LE MAITRE, les regardant s'éloigner.

Ah ! si tous mes élèves ressemblaient à ces
deux là ! (Il sort derrière eux.)

———

ACTE II

Le théâtre représente un salon.

SCÈNE PREMIÈRE

MADAME GUYON, MADAME FOLLET
(Elles sont assises sur un canapé).

MADAME GUYON.

Oui, ma chère amie, notre Paul nous a enfin donné, cette année, la satisfaction que nous attendions de lui depuis longtemps : il a obtenu le premier prix d'arithmétique ; c'était la condition expresse de son séjour à la campagne près de nous pendant les vacances. Hein ! comme on fait bien d'être sévère avec les enfants.

O mon Paul! [illegible] Jean [illegible]
Acte II, scène VII [illegible]

MADAME FOLLET.

Oh ! moi ! je ne chagrine pas mon Fernand,
qu'il soit le premier ou le dernier, qu'il ait
des prix ou qu'il n'en ait pas, peu m'importe ;
je ne lui demande pas d'être un aigle ; qu'il
soit comme tout le monde, c'est tout ce qu'il
faut et qu'il se porte bien, voilà l'important.
D'ailleurs sa position est toute faite ; nous
n'avons que lui, nous sommes riches ; après
ses classes faites, nous le laisserons s'en donner tant qu'il lui plaira, puis quand il se sera
bien amusé et qu'il en aura assez, son père
lui achètera une étude de notaire ; ainsi, ni
lui, ni nous, n'avons à nous préoccuper de
son avenir.

MADAME GUYON.

C'est très bien, sans doute, et vous vous
enlevez ainsi tous les soucis ; mais, pour Paul,
nous avons d'autres projets : quand on sort de
l'Ecole centrale on est apte à beaucoup de car-
rières et nous tenons absolument à ce qu'il y
arrive ; vous comprenez qu'avec son entête-

ment de ne vouloir rien faire en mathématiques ce n'était pas le moyen.

MADAME FOLLET.

Non, il paraît.

MADAME GUYON.

Et voyez comme c'est quelque chose de singulier que l'intelligence : voilà mon fils qui,
jusque-là, n'avait jamais pu, et c'est à la lettre,
faire une addition sans faute, dans l'esprit
duquel, grâce aux efforts auxquels nous
l'avons poussé, le jour se fait tout à coup si
grand sur cette science qu'en six mois, il sur-
passe tous ses camarades et remporte le premier prix ; et cet enfant, au contraire, ce petit
Jean, dont les succès constants rendaient plus
d'une mère jalouse, moi la première, n'a pu
résoudre, paraît-il, aucun des problèmes pro-
posés pour les compositions de fin d'année,
car non seulement, contre son habitude, il n'a
pas eu le premier prix, mais il n'a même pas
eu le second, ni le troisième, ni aucun acces-
sit, comme quelqu'un enfin qui n'a pas composé.

MADAME FOLLET.

A propos de cet enfant, est-il vrai que Paul vous ait demandé de l'amener passer chez vous ses vacances avec lui et que vous ayez accédé à son désir? Est-il vrai, enfin, que ce petit bossu soit ici?

MADAME GUYON.

Mais oui; Paul, en effet, a eu cette fantaisie que je n'ai fait qu'approuver.

MADAME FOLLET.

Comment! un enfant de pauvre, un fils de domestique, vous en faites le camarade, l'ami de votre fils!

MADAME GUYON avec calme.

Pourquoi non?

MADAME FOLLET avec un geste de mépris.

Oh! madame Guyon!... Eh! que deviendrait la société, si tout le monde avait de semblables fantaisies? Voyez-vous le fils d'une femme qui fait le ménage du petit locataire du cinquième assis dans mon salon à côté de mon fils !

MADAME GUYON avec calme.

Pourquoi non, encore ?

MADAME FOLLET avec indignation.

Mais parce que cela ne se peut pas, cela ne se doit pas ; à chacun sa place : Et vous avez permis une chose semblable?

MADAME GUYON.

Non seulement je l'ai permise, mais, je vous le répète, je l'ai approuvée.

MADAME FOLLET avec ironie.

Et quel avantage trouvez-vous à cela ?

MADAME GUYON.

Ce petit Jean est une nature d'élite, il est rempli de délicatesse et de bons sentiments et, de plus, véritablement très instruit pour son âge : sa société ne peut donc qu'être très profitable à notre enfant.

MADAME FOLLET.

Oui, il paraît que c'est un travailleur et monsieur Mallet en fait grand cas ; mais comment se fait-il qu'il ait si complétement échoué cette année dans une branche d'études où, jusqu'à présent, il s'était montré, paraît-il, véritablement supérieur ?

MADAME GUYON.

Oh ! il est certain que je n'y comprends rien ; c'est une énigme qui se déchiffrera probablement quelque jour, car mon mari qui cause fréquemment avec ses deux écoliers et les emmène souvent faire avec lui, dans les champs, de longues promenades, est surpris quelquefois des étonnantes dispositions de cet enfant, de sa merveilleuse facilité à saisir l'ensemble d'une question, à en trouver le côté accessible, à en résoudre les difficultés.

MADAME FOLLET.

Enfin, écoutez, ma chère, c'est très bien d'être charitable et d'aider les malheureux, mais il ne faut pas non plus pousser cela trop loin : voilà un enfant que vous portez aux nues, pour vous, c'est un modèle de vertu, de science, d'abnégation, de perfection enfin ; cela n'empêche pas, cependant, qu'il trouve beaucoup plus agréable et distrayant de venir jouir, pendant ses vacances, du bien-être et du confortable de votre maison que de partager la pauvreté de sa mère ; allez, votre jeune homme si parfait, si dévoué et cætera, est tout pareil aux autres : il s'aime lui-même avant tout, et c'est naturel.

MADAME GUYON.

Eh bien, madame Follet, vous vous trompez, et vous ne parleriez pas ainsi, si vous saviez combien d'instances et de temps il a fallu pour décider le brave enfant à suivre Paul ici ; sa mère, elle-même, a dû se joindre à nous et lui dire qu'elle n'avait pas un moment à lui donner, qu'ils ne seraient jamais ensemble et qu'elle souffrirait de le savoir seul toute la journée dans sa petite chambre ou dehors, peut-être avec de mauvais sujets.

MADAME FOLLET, avec une sorte de compassion protectrice.

C'est vrai, cette femme, il faut qu'elle travaille pour vivre et son pain est au bout de ses bras.

MADAME GUYON.

On a donc arrangé tout cela pour le mieux : chaque dimanche, la bonne femme vient dans l'après-midi passer, avec son fils, quelques heures qu'elle a de libres ; puis, chaque jeudi, nos deux garçons emportant, sans vergogne, un panier que Paul bourre de toutes sortes de provisions, prennent le chemin de fer, vont dans la petite chambre attendre la mère de Jean qui prend, ce jour-là, une demi-heure de congé, l'embrassent à qui mieux mieux et reviennent contents.

4.

MADAME FOLLET, *se levant pour partir.*

Enfin, ma chère, si cela vous va, tant mieux ! mais moi, je ne voudrais pas pour mon fils d'une semblable camaraderie ; en classe, il n'y a pas moyen de faire autrement, mais j'ai fait à Fernand mes recommandations à ce sujet.

MADAME GUYON, *ouvrant une fenétre et appelant.*

Paul !

SCÈNE II

LES MÊMES, PAUL.

PAUL *accourant* (il tient un rouleau dans la main).

Que veux-tu, mère ?

MADAME GUYON.

Mon ami, viens saluer madame Follet qui s'en va.

MADAME FOLLET, *tendant la main à Paul*

Au revoir Paul.

PAUL.

Madame, voulez-vous bien dire à Fernand
que Jean et moi nous lui souhaitons le bon-
jour et que ce n'est pas aimable de sa part de
n'être pas venu nous voir.

MADAME FOLLET.

Que veux-tu, mon ami, il n'a pas voulu
venir ! Il paraît, du reste, que vous n'êtes pas
toujours d'accord.

PAUL, *souriant*.

Nous nous disputons quelquefois, c'est vrai,
mais quand c'est fini, on n'y pense plus.

MADAME FOLLET.

Eh bien Paul, je ferai ta commission.
(Les deux dames sortent.)

SCÈNE III

PAUL seul, il déroule son papier.

Oh ! que mère va être contente de voir son
joli chalet qu'elle aime tant, et l'allée de peu-
pliers qui y mène, et le ruisseau qui coule
sous les arbres, et mon père qui est vraiment
ressemblant, ajustant avec son fusil une com-
pagnie de perdreaux, et Fox, le nez au vent,
prêt à partir ; oh ! (riant) elle est capable de le
faire encadrer.

SCÈNE IV

MADAME GUYON, PAUL.

PAUL, donnant le dessin à sa mère.

Tiens, mère, voilà pour toi.

MADAME GUYON, après l'avoir regardé avec étonnement.

Comment, Paul ! c'est toi qui a fait cela !

PAUL, embrassant sa mère.

Mais oui, mère, tu es contente, n'est-ce pas ?

MADAME GUYON, rendant à Paul son baiser.

Non seulement contente, mon Paul, mais très-surprise, je ne te croyais pas un semblable talent : je vais montrer cela à ton père quand il va rentrer, puis je le porterai à M. Roch pour qu'il l'encadre.

PAUL, riant.

Ah ! je l'avais bien dit, que tu le ferais encadrer.

MADAME GUYON.

C'est que, mon ami, cela en vaut vraiment la peine ; je te félicite mon Paul ; (elle s'assied) mais, dis-moi, fais-tu tes devoirs de vacances ?

PAUL, prenant la main de sa mère.

Oh ! ne me gronde pas, mère ; je ne les ai pas encore commencés.

MADAME GUYON.

Et Jean fait-il les siens ?

PAUL.

Oh ! lui, il les a presque finis, il y consacre deux heures tous les jours.

MADAME GUYON, laissant la main de Paul.

Et que fais-tu pendant ce temps.

PAUL.

Eh bien, mère, je travaillais à ce dessin.

MADAME GUYON.

Et quand vas-tu te mettre à tes devoirs ?

PAUL, avec ennui.

Je ne sais pas, mère.

MADAME GUYON.

Comment ! tu ne sais pas ? (sévèrement) Mon pauvre enfant, il va donc falloir se fâcher cette année comme les autres pour te faire travailler.

PAUL, avec reproche.

Oh ! mère, pourquoi dire cela ? N'ai-je pas bien suivi mes classes de grec, de latin et de français, ne suis-je pas assez fort en histoire et en géographie, ne sais-je pas l'anglais et l'allemand aussi bien que n'importe lequel de mes camarades, (souriant) enfin ne suis-je pas un peu poëte et ne t'ai-je pas adressé pour ta fête des vers que tu as trouvés très jolis.

MADAME GUYON, embrassant son fils avec effusion.

C'est vrai, mon Paul, c'est moi qui suis injuste, mais alors qui t'empêche de faire tes devoirs ?

PAUL, baissant la tête et la voix.

Il n'y a presque que des problèmes d'arithmétique.

MADAME GUYON.

Eh bien, qu'importe, cela ou autre chose.

PAUL, suppliant.

Oh ! mère ! ne m'oblige pas à cela, je ne le peux pas, je t'assure, c'est malgré moi ; je ne comprends pas les problèmes et je ne peux pas vouloir les comprendre.

MADAME GUYON, mécontente.

Mais Paul deviens-tu fou ou veux-tu te moquer de moi?

PAUL.

Non, mère, je t'assure.

MADAME GUYON, avec impatience.

Enfin, voyons, il a pourtant fallu que tu

reuilles bien les comprendre et que tu les comprennes en effet pour être constamment le premier dans les dernières compositions de cette année.

PAUL, avec mélancolie.

Non, mère, je n'ai jamais été le premier et je n'ai pas pu l'être.

MADAME GUYON.

Qu'en sais-tu puisque le résultat des dernières compositions est secret ?

PAUL.

J'en suis sûr.

MADAME GUYON, très impatientée.

Paul, tu veux, je pense me pousser à bout aujourd'hui ; comment peux-tu dire de semblables absurdités? Si tu n'avais pas à chaque composition obtenu la première place, aurais-tu mérité le premier prix ?

PAUL, de plus en plus confus.

Je ne l'ai pas mérité, mère.

MADAME GUYON.

Mais, stupide enfant, comment te l'a-t-on
donné, alors?

PAUL.

Je n'en sais rien.

MADAME GUYON, hors d'elle.

Oh! c'est trop fort!

PAUL, d'une voix assurée, redressant la tête et prenant
la main de sa mère.

Ecoute, mère, ne te fâche pas, je vais te
dire la vérité; elle me pèse assez d'ailleurs
depuis les prix et, advienne que pourra, j'aime
mieux que mon père et toi vous la sachiez;
eh bien, la voici : je n'ai jamais composé.

MADAME GUYON, au comble de l'étonnement.

Comment! Que dis-tu?

PAUL.

La vérité, mère.

MADAME GUYON, laissant la main de Paul.

Et tu as osé aller chercher le prix ?

PAUL.

Je n'ai pu faire autrement.

MADAME GUYON, s'impatientant encore.

Mais explique-toi donc, malheureux garçon ; depuis un quart d'heure, tu ne me par-
les que par énigmes, et c'est vraiment fati-
gant.

PAUL.

Eh bien, mère voilà ; j'entends qu'on appelle : « Arithmétique, 1er prix, M. Paul
Guyon ; » je me dis, c'est impossible, et je ne
bouge pas ; M. Mallet me fait signe en me di-
sant : « Allons, Paul, viens donc, mon ami, tu
n'entends donc pas ; » Monsieur, répondis-je,

on se trompe, cela ne se peut pas. Tout le monde me regardait et j'entends appeler de nouveau : 1er prix d'arithmétique, M. Paul Guyon.

MADAME GUYON.

Oui, en effet, je me rappelle qu'on a dû t'appeler deux fois ; continue.

PAUL.

Alors, Jean, qui était à quelque distance, se glisse derrière les autres et arrivé à moi, me dit vivement et à voix basse : mais va donc, Paul, tu te donnes en spectacle, tu ne vois pas que tout le monde se demande ce que cela veut dire. Je ne peux pas, Jean, répondis-je aussi à voix basse, tu vois bien qu'on se trompe. Non, non, fit-il en me poussant, on ne se trompe pas ; va, je t'en supplie, je t'expliquerai cela plus tard. Comment faire ? J'allai et je reçus avec les félicitations de tous, une couronne que je ne méritais pas.

MADAME GUYON, *réfléchissant.*

C'est singulier, en effet, et as-tu demandé à
Jean l'explication qu'il t'a promise ?

PAUL.

Oh ! bien souvent ; mais il répond toujours :
plus tard, plus tard, il n'est pas encore temps.

MADAME GUYON.

Où est-il en ce moment ?

PAUL.

A travailler dans notre chambre.

MADAME GUYON.

Va le chercher. (*Paul sort.*)

SCÈNE V

MADAME GUYON, *seule.*

Je devine ton dévouement, va magnanime

enfant, qui possèdes dans un corps mal fait
le caractère le plus beau que je connaisse ;
mais comment a-t-il pu s'y prendre ?

SCÈNE VI

MADAME GUYON, PAUL, JEAN.

MADAME GUYON.

Dis-moi, Jean, toi qui sais si bien résoudre
les problèmes, quoique tu aies essayé der-
nièrement de nous faire croire le contraire,
pourrais-tu me donner quelques lumières sur
celui qui préoccupe, à juste titre, mon fils et
moi, et que ni l'un ni l'autre, nous ne pouvons
comprendre.

JEAN, embarrassé.

Quoi donc, madame ?

MADAME GUYON.

Mon fils vient de me dire la chose la plus
étonnante du monde : quoi ! il a eu le premier
prix d'arithmétique et n'a jamais fait ses compositions !

(Jean reste silencieux, Paul et sa mère le regardent.)

Voyons, Jean, si d'après ce que me dit
Paul, tu as la clef de ce mystère, donne-la
nous, je t'en prie.

JEAN.

Oh ! madame, dispensez-moi.

MADAME GUYON.

Non, pas du tout, non, Jean, et je veux, à
l'instant, connaitre la vérité. (Jean baisse la tête
et ne dit rien.)

SCÈNE VII

LES MÊMES, M. GUYON.

M. GUYON, costume de chasse ou de campagne. Il
jette un coup d'œil sur les deux enfants.

Tiens, tiens, qu'est-ce qu'il y a? Des coupables, dirait-on?

MADAME GUYON.

Des coupables, je ne pense pas, mais dans tous les cas, quelque chose de bien singulier.

M. GUYON, s'asseyant, l'air fatigué.

Allons, me voilà juge et j'écoute les parties. (Tout le monde reste silencieux.) Personne ne dit rien ; je vois qu'il faut que j'interroge ; voyons, de quoi s'agit-il : d'une bataille, d'une rixe, de quelques coups de poings échangés? Ah! bah! si ce n'est que cela, donnez-vous une poignée de main de bon cœur et n'y pensez plus.

MADAME GUYON.

Si ce n'était que cela, je ne m'en mêlerais pas, mais l'affaire est plus grave et beaucoup plus sérieuse.

M. GUYON, fronçant les sourcils.

Comment ! comment !

MADAME GUYON.

Allons, Jean, explique-toi.

M. GUYON.

Comment, c'est Jean qui...

JEAN, interrompant, la voix pleine de larmes.

Oh ! Monsieur, oh ! Madame, pardonnez-moi, mais Paul était si malheureux !

M. GUYON.

Paul, malheureux ! et pourquoi ?

JEAN.

Ses vacances, monsieur, qu'il ne devait pas passer près de vous.

MADAME GUYON.

Eh bien ! qu'as-tu fait ?

JEAN, baissant la tête et la voix.

J'ai imité son écriture dans mes compositions et je les ai signées : « Paul Guyon. » (Sur-
prise générale.)

MADAME GUYON.

Alors, ton prix, Paul ?

PAUL.

Tu vois bien, mère, qu'il ne m'appartenait
pas.

M. GUYON, sévèrement.

Ainsi, c'est un faussaire et un voleur que
j'ai devant moi.

JEAN ET PAUL, en même temps.

Oh ! Monsieur ! — Oh ! père !

M. GUYON.

Oui, faussaire et voleur (Quelques instants de silence pendant lesquels les deux jeunes gens baissent la tête, confus, sous le regard de M. Guyon qui continue.)

Comment ! Jean, tu as surpris la bonne foi de tes maîtres et tu as égaré leur jugement jusqu'à leur faire accorder la récompense et les éloges à celui qui ne les méritait pas !

Quoi ! Paul, tu n'as pas rougi de honte, et ta conscience ne s'est pas révoltée à la pensée de te voir décerner un prix auquel tu n'avais aucun droit ?

(Silence général, les deux jeunes gens restent la tête basse.)

Eh ! que t'importait, Jean, que Paul soit puni ou non ?... Qu'avais-tu à voir à son manque de conformité à mes ordres et à ce qui devait en résulter pour lui ?...

JEAN, avec chaleur.

Oh ! monsieur, vous ne savez donc pas que, sans lui, il y a longtemps que je ne serais plus dans l'institution de M. Mallet, que c'est à lui que je dois mon avenir, que c'est lui qui, par

le crédit que sa bonne conduite lui a mérité
près des maîtres, et l'ascendant que son beau
caractère lui donne sur les élèves, a su faire
taire autour de moi les méchantes plaisan-
teries, les rires moqueurs, les paroles rail-
leuses ; c'est lui qui, mettant de côté tout res-
pect humain et toute crainte du ridicule, s'est
placé entre de lâches camarades et moi, pour
les empêcher de me bafouer, de faire de moi
leur jouet, d'insulter à ma pauvreté et à ma
disgrâce ; c'est lui qui s'est montré pour moi
plus qu'un frère, lui, enfin, pour qui je don-
nerais mille fois ma vie. (Mme Guyon verse des
larmes d'attendrissement.)

M. GUYON, ouvrant ses bras.

O mon Paul, ô Jean, braves enfants, grands
cœurs déjà, venez ! (Les deux jeunes gens se jettent
dans ses bras.) Je suis heureux et fier de vous
presser sur ma poitrine. Quelle leçon vous
nous donnez, à nous autres hommes ! Ah ! si
tous avaient vos vertus ! Si tous pratiquaient
comme vous l'aide mutuelle qui est la véri-
table fraternité, que de misères seraient in-

connues à l'humanité, que de douleurs lui seraient épargnées !

(Les jeunes gens quittent les bras de M. Guyon.)

PAUL, allant embrasser sa mère.

Ne pleure donc pas, mère, c'est fini, tu vois
bien.

MADAME GUYON.

Ce n'est pas de chagrin, c'est de joie, cher
enfant. (Tendant la main à Jean). Viens, Jean,
tu es aussi mon fils ! (Jean baise la main de
Mme Guyon.)

M. GUYON, après s'être essuyé les yeux,
s'être mouché, etc.

Ah !... la part du sentiment est faite, n'est-
ce pas ? Causons affaires, maintenant (il s'assied). Ainsi, Paul, c'est entendu, tu ne veux
pas mordre à l'arithmétique ?

PAUL, baissant la tête.

Je ne peux pas, père.

M. GUYON, avec bonté.

Bien, bien, c'est simplement une question que je te pose ; tu ne veux pas, dans ce cas, entrer à l'Ecole centrale?

PAUL.

Non, père.

M. GUYON.

Quelle est, alors, ta carrière de choix? (Paul baisse la tête.) Allons, dis, mon ami, dis, que diable ! il est bien juste qu'on cherche à s'utiliser dans la société selon son goût et ses aptitudes; as-tu ce qu'on appelle une vocation ?

PAUL, d'une voix mal assurée.

Père, je voudrais être peintre.

M. GUYON.

Très bien, mon ami, l'art est une belle et noble chose, mais ne te fais-tu pas illusion? s-tu véritablement ce qu'il faut pour devenir

un peintre de talent, car, si tu dois rester
médiocre...

MADAME GUYON.

Paul montre à ton père ton dessin de tout
à l'heure.

(Paul prend son dessin sur la cheminée et l'apporte à
son père.)

M. GUYON, après l'avoir examiné.

Dès demain matin tu viendras avec moi
chez M. Bouguereau, à qui nous montrerons
cela et qui voudra bien, je l'espère, te rece-
voir dans son atelier. A nous deux Jean :
Voyons, mon garçon, te plairait-il de prendre
la place de Paul à l'Ecole centrale et de
suivre la carrière d'ingénieur à laquelle nous
le destinions?

JEAN, interdit.

Oh ! certes, Monsieur, mais...

M. GUYON.

Laisse tes mais de côté et réponds catégo-
riquement : cela te plairait-il ?

JEAN.

Oui, Monsieur.

M. GUYON.

Eh bien, c'est entendu ; tu vas, dès la rentrée, suivre les cours préparatoires et, si tu n'as plus ton ami Paul pour te protéger contre les railleries méchantes, ton propre mérite et ma protection sauront le remplacer : tu es beau par ta vertu, Jean, et riche par ma reconnaissance ; tu t'es montré un frère pour Paul, je veux être un père pour toi ; j'ai désormais deux fils.

JEAN, attendri, serrant les mains de M. Guyon.

Oh ! Monsieur, comment pourrais-je...

M. GUYON.

Rien, rien, Jean, je t'en prie, assez comme cela (poussant un soupir), sans quoi nous finirons par étouffer... Ah !... voilà une bonne journée ! bien des choses faites et bien des cœurs contents !.... (à Jean) Mais tu sembles préoccupé, mon ami, qu'y a-t-il encore ?

JEAN, un peu embarrassé.

C'est ma mère, Monsieur, que deviendra-t-elle pendant tout le temps de mes études, puisque je serai dans l'impossibilité de rien gagner pour elle.

M. GUYON.

Ne te tourmente pas de cela, mon ami, ta mère fait désormais, comme toi, partie de ma famille, elle vivra près de nous si bon lui semble, s'occupant dans la maison, selon sa volonté, ou, si elle le préfère, elle habitera un logement à sa convenance, où elle ne manquera de rien. Tout cela bien entendu et compris, allons faire un tour avant le dîner, nous avons tous besoin d'un peu d'air et de calme.

VERSAILLES. — IMP. CERF ET FILS, 59, RUE DUPLESSIS.